AF585961

DECLARATION DV ROY,

PORTANT LE PRIX DES Monoyes d'or & d'argent ayans cours dans le Royaume. Conformément à l'Arrest du Conseil du 15. Mars 1656.

Du 8. Auril 1656.

Registrées en la Cour des Monoyes le 10. dudit mois.

A PARIS,
Chez SEBASTIEN CRAMOISY Imprimeur ordinaire du Roy, & de la Cour des Monoyes.

M. DC. LVI.
Auec Priuilege de sa Maiesté.

LOVIS par la grace de Dieu, Roy de France & de Nauarre. A tous ceux qui ces preſentes Lettres verront, ſalut. Les frequentes plaintes de nos Suiets, de ce que l'or ſe trãſportoit de noſtre Royaume dans les pays eſtrangers, où il eſtoit expoſé à vn plus haut prix qu'en France à proportion de l'argent, nous ayant obligez à prendre vne exacte information de la valeur des eſpeces d'or & d'argent tant dedans que dehors noſtre Royaume, & d'entendre les auis des Experts en la connoiſſance des metaux, & meſme des Marchands Banquiers & Negotians auec les Eſtrangers, Nous aurions reconnu que l'vnique moyen d'empeſcher ce tranſport eſtoit d'éleuer le prix de l'or eu eſgard à l'argent, & le rendre pareil à celuy qu'il a dans les Eſtats voiſins du noſtre, n'eſtant pas poſſible qu'il ne s'eſcoule dans les lieux où il a plus de valeur à raiſon de l'argent. Conſiderant en meſme temps, qu'entre les moyens dont nous ſommes contraints de nous ſeruir pour ſubuenir à la neceſſité de nos affaires; il ne s'en pouuoit trouuer de plus equitable que celuy de partager en quelque maniere le profit du hauſſement de l'or auec ceux de nos Suiets qui le tenoient comme inutile dans leurs coffres, leſquels n'auroient aucune iuſte occaſion de ſe plaindre du retrãchement de quelque partie d'vn gain qui ne prouenoit point de leur fait, ny de leur induſtrie, &

qui seruiroit à descharger nos plus pauures Suiets, sur lesquels nous voyons à nostre grand regret que tombent les charges de l'execution de la pluspart des moyẽs extraordinaires qui nous sont proposez pour soustenir les despenses de nostre Estat. Nous aurions pour cette fin fait enregistrer en nostre Cour des Monoyes, & publier nostre Edict pour la fabrication des nouuelles especes de Lis d'or au titre & prix conuenable à la proportion que nous auions iugé necessaire d'establir dans nostre Royaume entre l'or & l'argent, pour nous accommoder à l'vsage des peuples voisins, esperãt que ceux qui auroient en leur pouuoir les autres especes d'or, les porteroient volontairement en nos Monoyes pour estre conuerties en Lis, se contentants d'vn profit raisonnable que nous leur auions accordé ſur le prix deſdites eſpeces qu'ils fourniroient en nos Monoyes. Mais quelques eſprits factieux qui ne peuuent s'abſtenir des entrepriſes, que nous n'auons pas voulu chaſtier auec la rigueur qu'elles meritoient, s'entretenans d'eſperances de nouueaux deſordres, & veilians aux occaſions de ſeduire nos bons Suiets, & de nous ſouſtraire les moyens de ſubuenir aux deſpenſes de la guerre contre les Eſtrangers, auec leſquels ils conſeruent leurs intelligences: ont ſemé parmy le peuple, & meſme dans les Compagnies de nos Officiers tant d'impoſtures au ſuiet de cette nouuelle fabrication, qu'il eſtoit impoſſible de les deſabuſer qu'en donnant le temps neceſſaire pour connoiſtre la verité, & diſſiper peu à peu les fauſſetez dont le peuple eſtoit preuenu. Mais dautant que cette longueur qui nous auroit conserué le secours que nous attendions dudit conuertissement, auroit donné lieu de continuer le transport de nos especes hors le Royaume, lequel nous voulons principalement empescher, & ce qui a esté le vray motif de la nouuelle fabrication desdites especes d'or; nous aurions negligé cet aduantage pour le bien general de nos Suiets, & en retranchant toutes les difficulez que faisoit naistre l'enuie que ceux qui ont mauuaise volonté portoient à l'vtilité qui s'en deuoir tirer, Nous aurions par Arrest de nostre Conseil du 15. Mars dernier, haussé generalement le prix de toutes les especes d'or ayãs cours dans nostre Royaume sur le mesme pied que les Lis d'or; ce qui ayant osté le fondement de toutes les calomnies inuentées contre la nouuelle fabrication des Lis d'or, n'a plus laissé de pretexte à ces esprits de rebellion pour trauerser nos bonnes intentions; & il ne reste à leur malice que ce foible & dernier moyen & artifice, de publier en tous lieux, que dans peu de iours nous reuoquerions ce qui a esté ordonné par ledit Arrest du 15. Mars dernier, & que ceux qui auroient receu les especes d'or au prix porté par iceluy, souffriroient la perte de la reduction qui seroit faite desdites especes à leur ancien prix. A quoy estant besoin de pouruoir, afin de leuer tous les obstacles au commerce retardé par ces incertitudes supposées, SÇAVOIR faisons, que Nous pour ces causes ayant fait mettre cette affaire en deliberation en nostre Conseil, où estoient la Reine nostre tres-honorée Dame & Mere, nostre tres-cher & tresamé frere vnique le Duc d'Aniou, & autres Princes, Ducs, Pairs, Officiers de nostre Couronne, Grands & notables personnages, de nostre conseil, de l'auis d'iceluy, & de nostre propre mouuement, certaine science, pleine puissance & autorité Royale, Auons ordonné & ordonnons, par ces presentes signées de nostre main, voulõs & nous plaist, que l'Arrest de nostredit Conseil du 15. Mars dernier, sur le fait de nos monoyes, dont l'extrait est cy-attaché sous le contreseel de nostre Chancellerie, soit executé par toute l'estenduë de nostre Royaume selon sa forme & teneur, ce faisant que les monoyes d'or & d'argent soient exposées & receuës en toute sorte de payemens; sçauoir les Louïs d'or du poids & titre porté par nostre Edit du mois de Mars 1640. enregistré en nostre Cour des Monoyes, pour onze liures; le demy & le double à proportion: le Lis d'or du poids & titre porté par l'Edit du mois de Decembre dernier, enregistré pareillement en nostre Cour des Monoyes, pour sept liures: l'Escu d'or du poids de deux deniers quinze grains trebuchant pour cent quatorze sols: le Louïs d'argent du poids & titre porté par l'Edit du mois de Septembre 1641. pour soixante sols, & les diminutions à proportion. Faisons tres-expresses inhibitions & defenses à toutes personnes de quelque qualité & condition qu'elles soient sous quelque pretexte que ce puisse estre, d'exposer aucunes autres especes d'or & d'argent, que celles cy-dessus, ny de les mettre & receuoir à plus haut prix que celuy porté par ledit Arrest du 15. Mars dernier, à peine de punition exemplaire. Si donnons en mandement à nos amez & feaux les Gens tenans nostre Cour des Monoyes, que ces presentes ils fassent lire, publier & enregistrer, & le contenu en icelles, & audit Arrest du 15. Mars dernier, garder & obseruer inuiolablement de point en point selon leur forme & teneur, sans y contreuenir, ny permettre qu'il y soit contreuenu en aucune maniere. Car tel est nostre plaisir. En tesmoin dequoy nous auons fait mettre nostre seel à cesdites presentes. Donné à Paris le 8. Auril l'an de grace 1656. & de nostre regne le 13. Signé, LOVIS. Et sur le reply : Par le Roy, DE GVENEGAVD. Et seellées du grand seau de cire iaune sur double queuë.

Leuës, publiées & registrées en la Cour des Monoyes, de l'exprés commandement

de sa Maiesté, porté par Messieurs d'Ormesson & de Machault, Conseillers du Roy en ses Conseils d'Estat & Priué. Ouy & ce requerant le Procureur General du Roy. Et ordonné que copies collationnées d'icelles par le Greffier de ladite Cour seront enuoyées en tous les pays, terres & seigneuries de l'obeissance de sa Maiesté, pour estre executées selon leur forme & teneur. Enioint aux Substituts dudit Procureur General de certifier la Cour des diligences qu'ils auront faites pour l'execution d'icelles, au mois. A Paris en la Cour des Monoyes le 10. iour d'Auril 1656.
Signé, BOVLLE.

Extrait des Registres du Conseil d'Estat.

LE ROY ayant esté informé que nonobstant les soins que sa Maiesté & ses predecesseurs ont pris pour conseruer, & retenir dans le Royaume, & entre les mains de ses Suiets, l'or que le commerce y apporte, ayant fait pour cette fin diuers Edits & Reglemens, qui en defendent le transport sous des peines tres-rigoureuses; l'auidité du gain a esté si grande en ceux qui ont fait vn mestier & trafic illicite, de la vente des Especes d'or aux Estrangers; que non seulement ils ont trouué des moyens de le faire enleuer hors du Royaume, mais encore par des artifices qui meritent punition, ils ont tasché d'eluder les precautions, & preuenir les remedes que l'on apportoit à ce mal, répandant parmy le Peuple de fausses opinions, & se preualant de la difficulté qui se trouue en la connoissance de la valeur interieure des monoyes, pour donner de mauuaises impressions contre la nouuelle fabrication des Lis d'or; bien que pour empescher les effets de la malice des Billonneurs, on leur eust laissé vne partie du gain qu'ils ont accoûtumé de faire sur les Especes qu'ils enleuent pour les Estrangers, en ordonnant que les Loüis d'or qu'ils porteroient aux Monnoyes, y seroient pris pour dix sols de plus qu'ils ne doiuent passer dans le commerce ordinaire. En sorte que pendant que ce remede n'agit pas pleinement, l'or & la richesse du Royaume continuent à s'écouler dans les Estats voisins; estant notoire à tout le monde que dans les payemens qui se font maintenant en France, il ne se voit que fort peu d'Especes d'or, & que celles qui sont marquées aux armes de sa Maiesté, se trouuent abondamment dans toutes les places, & les banques des Pays estrangers; ce qui est vn desordre de la derniere consequence, auquel il est impossible de pouruoir, si l'on n'aioûte à la seuerité des Loix contre le transport desdites Especes, vn reglement qui retranche la plus grande partie du gain que font les Estrangers, & les mauuais Sujets sur le trafic des monoyes. Lequel profit venant manifestement de ce que la proportion de l'or & de l'argent est autre en France que dans les Estats voisins, qui tiennent l'or à plus haut prix que celuy auquel il a cours en ce Royaume, eu égard à l'argent, il ne reste pour leur oster le desir d'acheter l'or de France, que cette vnique voye de suiure l'estimation commune des autres Estats en la proportion de l'or & de l'argent; laquelle bien examinée, sur les diuerses monoyes des Pays voisins, se trouue telle, que pour éleuer la valeur de l'or à proportion de celle de l'argent, receuë en la pluspart des Estats de l'Europe, il en faut augmenter le prix enuiron d'vn dixiéme. Aprés auoir meurement consideré l'importãce du transport des monoyes d'or hors le Royaume, qui n'a pû iusques à present estre totalement empesché par les Edits, Arrests, & Reglemens, ny par la diligence des Officiers des Monoyes, & qu'il est absolument necessaire d'y pouruoir: LE ROY ESTANT EN SON CONSEIL a ordonné & ordonne, qu'il sera incessamment informé tant par les Officiers de la Cour des Monoyes, que tous autres Iuges, chacun en leur ressort, contre ceux qui ont transporté les monoyes d'or & d'argent hors le Royaume, ou qui les transporteront cy-aprés en quelque maniere que ce soit, pour leur estre le procés fait & parfait suiuant la rigueur des Ordonnances: Et cependant pour euiter les desordres, causez par la disproportion des monoyes d'or auec celles d'argent; SA MAIESTÉ veut & entend, que doresnauant, à commencer du iour de la publication du present Arrest, les monoyes d'or & d'argent soient exposées & receuës par toute l'étenduë de son Royaume en toutes sortes de payemens; sçauoir les Louis d'or du poids

& titre porté par ſon Edit du mois de Mars 1640. enregiſtré en la Cour des Monoyes, pour vnze liures; le demy, & le double à proportion: le Lis d'or du poids & titre porté par l'Edit du mois de Decembre dernier, enregiſtré pareillement en la Cour des Monoyes, pour ſept liures: l'Eſcu d'or du poids de deux deniers, quinze grains, trebuchant, pour cent quatorze ſols: le Loüis d'argent du poids & titre porté par l'Edit du mois de Septembre mil ſix cens quarante-vn pour ſoixante ſols; & les diminutions à proportion. Auec defenſes à toutes perſonnes de quelque qualité & condition qu'elles ſoient, d'expoſer aucunes autres Eſpeces d'or & d'argent, que celles cy-deſſus, ny les mettre & receuoir à plus haut prix, que celuy porté par le preſent Arreſt, à peine de punition exemplaire. Et ſera le preſent Arreſt leu, publié & affiché par tout où beſoin ſera, à ce qu'aucun n'en pretende cauſe d'ignorance. FAIT au Conſeil d'Eſtat du Roy, ſa Maieſté y eſtant, tenu à Paris le quinziéme iour de Mars mil ſix cens cinquante-ſix. Signé, LE TELLIER.

ENSVIVENT

LES PORTRAITS, POIDS

& prix des Especes d'or & d'argent, ausquelles le Roy a donné cours par la presente Declaration.

ESPECES D'OR.

LOVIS du poids de deux deniers quinze grains trebuchant, pour cent dix sols.

Double LOVIS du poids de cinq deniers six grains trebuchant, pour onze liures.

Quatruple LOVIS du poids de dix deniers douze grains trebuchant , pour vingt-deux liures.

Lis d'or du poids de trois deniers trois grains & demy trebuchant, pour ſept liures.

Escv Sol du poids de deux deniers quinze grains trebuchant, pour cinq liures quatorze ſols.

Le demy à proportion.

ESPECES D'ARGENT.

Pieces de ſoixante ſols du poids de vingt & vn denier huit grains trebuchant.

Pieces de trente ſols, du poids de dix deniers ſeize grains trebuchant.

Pieces de quinze ſols, du poids de cinq deniers huit grains trebuchant.

Piece de cinq ſols, du poids d'vn denier dix-huit grains & demy trebuchant.

LEv & publié à ſon de trompe & cry public en la preſence de Claude Millot & Michel Hourlier Huißiers en la Cour des Monoyes, par moy Charles Canto Crieur Iuré du Roy en la Ville Preuoſté & Vicomté de Paris, accompagné de Iean du Bos, Iacques le Frain

& Estienne Chappé, Trompettes Iurez dudit Seigneur esdits lieux, ce Mercredy douziéme iour du mois d'Auril mil six cens cinquante-six, en tous les carrefours ordinaires & extraordinaires de cette Ville & Fauxbourgs de Paris, à ce que nul n'en pretende cause d'ignorance. Signé, CANTO, MILLOT, *&* HOVRLIER.

Collationné aux originaux par moy Conseiller & Secretaire du Roy, Maison & Couronne de France & de ses Finances, Greffier en chef de la Cour des Monoyes, soussigné.

www.ingramcontent.com/pod-product-compliance
Lightning Source LLC
LaVergne TN
LVHW052026160826
845678LV00003B/1227

* 9 7 8 2 3 2 9 6 3 9 9 0 1 *